学生运动能力国家标准
解读丛书

U0748240

《学生基本运动能力测评规范》
解读

于素梅　余立峰　曹　强　等　编著

教育科学出版社
·北京·

主　　编　于素梅　余立峰　曹　强
副 主 编　左而非　高　博　金小燕
参　　编　高　博　金小燕　宋志巍　吴　桥　司亚莉　刘彦果　王　宁　陈　蔚
　　　　　黄广懿　张润淼

出 版 人　郑豪杰
项目统筹　梁祎明
责任编辑　李　楠
版式设计　思瑞博　吕　娟　李　顺
责任校对　贾静芳
责任印制　叶小峰

图书在版编目（CIP）数据

《学生基本运动能力测评规范》解读 / 于素梅等编
著 . -- 北京：教育科学出版社，2025. 3（2025.7 重印）.
（学生运动能力国家标准解读丛书）. -- ISBN 978-7-
5191-4320-6

Ⅰ . G804.83-65
中国国家版本馆 CIP 数据核字第 2025L96X46 号

《学生基本运动能力测评规范》解读
《 XUESHENG JIBEN YUNDONG NENGLI CEPING GUIFAN 》JIEDU

出 版 发 行	教育科学出版社			
社　　　址	北京·朝阳区安慧北里安园甲9号	邮　　编	100101
总编室电话	010-64981290	编辑部电话	010-64989524
出版部电话	010-64989487	市场部电话	010-64989035
传　　　真	010-64891796	网　　址	http://www.esph.com.cn
经　　　销	各地新华书店		
制　　　作	北京思瑞博企业策划有限公司		
印　　　刷	河北巴彩丰包装制品有限公司		
开　　　本	787毫米×1092毫米　1/16	版　　次	2025年3月第1版
印　　　张	4	印　　次	2025年7月第2次印刷
字　　　数	54千	定　　价	32.00元

图书出现印装质量问题，本社负责调换。

前　言

随着教育强国、体育强国建设的不断推进，体育课程改革日益深化，体育育人目标也聚焦在以运动能力、健康行为和体育品德为表现的核心素养的培育上。建立标准，不仅能够及时测评学生运动能力，了解学生运动能力水平，衡量体育核心素养培育成效，也是落实中共中央办公厅、国务院办公厅《关于全面加强和改进新时代学校体育工作的意见》，国家体育总局、教育部《关于深化体教融合 促进青少年健康发展的意见》等的重要保障，并能为体育学业质量评价、体育教育质量监测、学生运动水平认证等提供直接依据。

为更好地贯彻落实《义务教育体育与健康课程标准（2022 年版）》和国家相关政策要求，依据新课标提出的运动能力"主要体现在基本运动技能、体能、专项运动技能的掌握与运用"，研制了《学生基本运动能力测评规范》国家标准（以下简称"基本运动能力标准"），以期为更规范、科学、系统地评价学生基本运动能力提供可靠依据和可操作的方法，为促进学生体育核心素养的培育发挥支撑作用。

"基本运动能力标准"于 2024 年 5 月 28 日，由国家市场监督管理总局、国家标准化管理委员会批准发布。为进一步促进该标准的推广和应用，更好地服务于体育教学改革、体育教育质量监测等教育教学与评价工作，标准研制团队又编写了《〈学生基本运动能力测评规范〉解读》，深度解析标准研制依据，精准把握标准测评内容，生动展示标准测评方法，提供权威标准测评工具，可作为学生基本运动能力国家标准培训权威指导用书。

于素梅

中国教育科学研究院体育美育教育研究所

目 录

第一章

《学生基本运动能力测评》概述

一、基本内容

（一）结构与主要内容

"基本运动能力标准"从范围、规范性引用文件、术语和定义、等级划分与达标要求，以及运动能力测评 5 个部分进行了描述。（表 1-1）

表 1-1 《学生基本运动能力测评规范》结构与主要内容

项目	规定内容	具体内容
范围	规定本标准的适用范围	适用于小学、初中学生基本运动能力的测评
规范性引用文件	标注本文件引用的规范性引用文件	本文件没有规范性引用文件
术语和定义	界定标准主要涉及的术语和定义（全文出现 2 次及以上）	4 条术语及其基本概念，包括学生基本运动能力、投掷、支撑、滚翻
等级划分与达标要求	明确测评等级划分和各等级达标要求	1. 等级划分：6 个等级（一级到六级） 2. 各等级达标要求：测评内容、观测点、合格要求、达标要求
运动能力测评	规定各等级测评方法	各等级测评场地器材、测评员工作、测试步骤

（二）术语和定义

3 术语和定义

下列术语和定义适用于本文件。

3.1

学生基本运动能力   student's basic athletic ability

> 学生在运动过程中,应用移动性、非移动性和操控性技能,完成特定任务的综合能力。
>
> 3.2
>
> **投掷 throw**
> 用自然挥臂的动作,将投掷物迅速向指定方向投出。
>
> 3.3
>
> **支撑 support**
> 手、臂或身体某些部位撑在器材或地面上,肩轴高于或平于器械轴的动作。
>
> 3.4
>
> **滚翻 roll**
> 身体某些部位依次支撑地面(或器械),身体围绕额状轴(横轴)或纵轴的翻转动作。

解 读

"基本运动能力标准"选择上述术语是为了更好地描述和评估学生在基本运动能力学、练、赛活动中形成的运动能力。投掷、支撑、滚翻,指向学生基本运动技能中的操控性技能、非移动性技能和移动性技能,一级到六级的测评内容中都有涉及,体现逐级提高、螺旋上升的理念。

(三) 等级划分与测评内容

"基本运动能力标准"按照难度逐级进阶设定了 6 个等级,并遵循一级到六级能力进阶的考查原则,设计各等级对应的测评内容。(表 1-2)

表 1-2 学生基本运动能力测评内容与能力要求

等级	测评内容	能力要求
一级	爬行＋翻越→象限跳→绕杆跑→沙包投准	违规总次数≤1次,完成总时间≤70 s
二级	臀部支撑转体→跨跳圈→攀爬→沙包投远	违规总次数≤1次,完成总时间≤60 s
三级	仰撑举腿摆越障碍→双手支撑翻越组合→跨跳小栏架→折线跑→正面双手向前掷实心球	违规总次数≤1次,完成总时间≤50 s
四级	支撑横移→单手支撑翻越＋滚翻→斜身引体→折线跑→正面双手向前掷实心球	违规总次数≤1次,完成总时间男≤60 s、女≤65 s
五级	远撑前滚翻→负重搬运→支撑绕圈→跳跃障碍组合→正面双手向前掷实心球＋折线跑→抗阻跑	违规总次数≤2次,完成总时间男≤90 s、女≤100 s
六级	跨跳障碍→手支撑绕圈→负重跳跃障碍组合→钻过障碍→正面双手向前掷实心球＋折返跑	违规总次数≤1次,完成总时间男≤90 s、女≤110 s

注:违规是指受测者在测评过程中没有达到各个环节的测评要求。

一级测评通过爬行＋翻越、象限跳、绕杆跑、沙包投准 4 项测评内容，对受测者连续完成爬行翻越、多方向跳跃、曲线跑、近距离低手抛准的能力进行考查。

二级测评通过臀部支撑转体、跨跳圈、攀爬、沙包投远 4 项测评内容，对受测者连续完成支撑状态下的平衡与扭转、单双脚跨跳、攀爬过高障碍、原地单手肩上投远的能力进行考查。

三级测评通过仰撑举腿摆越障碍、双手支撑翻越组合、跨跳小栏架、折线跑、正面双手向前掷实心球 5 项测评内容，对受测者连续完成仰撑平衡、双手支撑翻越多个障碍、变向跑、双手掷远的能力进行考查。

四级测评通过支撑横移、单手支撑翻越＋滚翻、斜身引体、折线跑、正面双手向前掷实心球 5 项测评内容，对受测者连续完成手脚支撑横向爬行、单手支撑翻越、滚翻、多点奔跑、双手掷远的能力进行考查。

五级测评通过远撑前滚翻、负重物搬运、支撑绕圈、跳跃障碍组合、正面双手向前掷实心球＋折线跑、抗阻跑 6 项测评内容，对受测者连续完成远距离支撑滚翻、双脚平稳连跳、跳跃 A 字架、手脚支撑直体移动、负重移动、双手掷远、奔跑的能力进行考查。

六级测评通过跨跳障碍、手支撑绕圈、负重跳跃障碍组合、钻过障碍、正面双手向前掷实心球＋折线跑 5 项测评内容，对受测者连续完成跨越障碍区、倒立平衡移动、负重双脚平稳连跳、负重钻过 A 字架、快速钻越障碍、双手掷远、多点奔跑的能力进行考查。

二、使用建议

"基本运动能力标准"规定了学生基本运动能力等级划分与达标要求，描述了各等级测评方法，适用于小学、初中学段学生基本运动能力的测评。本标准充分考虑体育教学、体育学业质量评价、体育教育质量监测等工作的使用需要，结合不同地区、不同学段的学校体育开展实际，综合考量标准在全国的推行和实施难度，确保标准具有广泛的适用性。

（一）可应用于体育教学

"基本运动能力标准"可应用于体育教学，从教学组织、教学设计、教学方法等方面入手，为学生提供更加科学化、个性化的教学服务，提高学生基本运动能力的教学质量和效果，促进学生全面发展和健康成长。

1 教学组织

分层教学是根据学生的实际情况，如技能水平和学习能力等，将学生分为不同的层次进行教学。在基本运动能力课程中，教师可以结合"基本运动能力标准"，将学生进行合理分层，如分为初级、中级和高级等不同层次。初级学生可以从零基础开始，通过学习达到一级和二级水平；中级需要学生已经具备二级水平，可以开始学习三级对应的难度内容，直至达到四级水平；高级需要学生已经达到四级水平，通过学习可以向五级、六级水平发展。针对不同层次的学生，教师可以设置不同的教学目标、教学内容和教学方法。

2 教学设计

在教学中，结合"基本运动能力标准"的教学理念，以促进学生全面发展为目标，以激发学生兴趣为引导，通过科学、系统的教学设计，提升学生的基本运动能力，促进学生身心健康发展。学生基本运动能力教学设计主要包括模块教学设计、单元教学设计和课时教学设计三部分。

（1）基本运动能力模块教学设计

学生基本运动能力按难度逐级进阶设定了 6 个等级。与这 6 个等级相对应，将基本运动能力教学内容分为 6 个模块，6 个模块内容纵向衔接，层层递进。

在进行学生基本运动能力模块教学设计时，教师还应考虑以下关键点：首先，根据学生的实际情况，挑选适合他们的模块进行教学；其次，重视阶段性评估，以便及时对教学方案进行反馈和调整；最后，确保教学内容的全面性，根据学生的学习进度，合理安排每个模块的知识学习、技能练习、体能练习等。

（2）基本运动能力单元教学设计

学生基本运动能力单元教学设计遵循每个模块的教学框架，将模块内容划分为几个相互关联的单元，并进一步将这些内容分配到每次课程的教学计划中。依据《义务教育体育与健康课程标准（2022 年版）》中的"健康第一"和"教会、勤练、常赛"的课程理念，每个单元均设置学习内容、练习内容和比赛内容，确保各个单元的学习、练习和比赛内容能够有机地结合在一起。

在进行学生基本运动能力单元教学设计时，教师需重点考虑以下方面：首先，依据教学对象和单元学习内容，合理安排总课时数，考虑到不同教学阶段和学生学习能力的差异，课时数量应做出适当调整；其次，确保每个课时的教学目标能够具体反映单元目标，且各课时目标之间应呈现逐步递进的关系；最后，应挑选恰当的教学组织形式和教学方法。

（3）基本运动能力课时教学设计

学生基本运动能力课时教学设计是在单元教学设计的基础上，结合学校的具体场地设施、器材资源以及班级学生的实际情况，对基本运动能力教学中的各个要素进行详细规划和设计，其目的是构建一个集学习、练习、竞赛和评价于一体的课程教学体系，从而形成一个完整的课堂教学实施方案。

在进行学生基本运动能力课时教学设计时，需要特别关注以下几个关键要素：首先，应设定具体、可衡量的教学目标，并灵活运用多种教学手段和方法，以情境式深度教学的方式，激发学生的学习兴趣和参与热情。其次，应合理安排学生的运动负荷和练习密度，确保学生在安全的前提下，能够充分参与基本运动能力的学练，从而达到最佳的学练效果。最后，应注重课堂的过程性评价，通过观察、记录和反馈，及时了解学生的学习进展和存在的问题，从而调整教学策略，帮助学生在基本运动能力的学练中不断进步和成长。

3 教学方法

教学中采用多样化的、适宜的学习方法可以帮助学生更好地发挥优势、弥补不足、提高学习效果。在学生基本运动能力课程中，教师可以根据学生的身体状况、心理特征、兴趣爱好等方面的差异，采用不同的教学方法和手段进行教学。例如，对于身体素质较差的学生，教师可以采用渐进式的教学方法，逐步提高学生的身体素质；对于心理素质较差的学生，教师可以采用鼓励式的教学方法，帮助学生建立自信、提升勇气；对于兴趣浓厚的学生，教师可以采用拓展式的教学方法，引导学生深入学习和探索。基于学生的个体差异，学生基本运动能力课程教学可以更加适宜每个学生的发展需求。

（二）可应用于质量监测

"基本运动能力标准"可应用于质量监测，为监测学生体能提供明确的指标，有助于提升教育质量，促进区域比较，并为教育决策提供可靠依据。

① 使体育教育质量监测更科学

通过"基本运动能力标准"，教师可以更加准确地评估学生的基本运动能力，制订更有针对性的教学计划。同时，学生也能根据自己的实际情况，选择适合自己的学习内容和进度，提高学习效果。

② 促进区域比较

标准是全国统一的，不同地区、不同学校的学生都可以按照相同的标准进行测评，便于更加客观地比较不同地区、不同学校之间学生基本运动能力的教育水平，并有针对性地提出可行的解决方案。例如，统计各地区有多少学生达到了基本运动能力二级水平，各地区学习并达到二级水平的学生占全体学生的比例等。通过达到不同等级的比例数据，就能够比较区域体育教育质量差异。

③ 为教育决策提供可靠依据

通过对学生基本运动能力的科学评价，教师可以了解学生在基本运动能力学习中的优势与不足，进而调整教学计划和策略，提高教育质量。同时，这一结果也可以作为教育评估的重要指标之一，为教育政策的制定和调整提供有力支持。

（三）可应用于督导评估

"基本运动能力标准"的制定和实施，不仅能准确评估学生的基本运动能力，还能有效反映学校体育发展的整体水平，对于督导评估学校体育发展水平以及推动学生基本运动能力教育的质量提升具有重要意义。在学校体育督导评估指标体系中，可以将学生基本运动能力应达到的等级作为其中一项重要指标，使督导评估工作更加客观、精准，也更能反映学校体育发展水平。

1 课程建设

通过学生基本运动能力测评，可以检验学生基本运动能力课程的教学内容、教学方法是否科学合理，能否满足学生的实际需求，进而推动学生基本运动能力课程建设的不断完善和优化。

2 师资强化

学生基本运动能力测评的结果可以反映教师的教学水平和专业能力。通过对测试结果的分析，可以发现教师在教学中的优势和不足，进而有针对性地开展培训，提升教师专业能力。

3 学生参与

学生基本运动能力测评可以激发学生参与基本运动能力的学练兴趣。通过参与测试，学生可以了解自己的基本运动能力，明确学习目标和方向。同时，测试结果也可以作为选拔优秀学生参加更高级别比赛或活动的重要依据。

4 条件改善

学生基本运动能力测评对场地、器材等设施条件提出了一定的要求，这有助于推动学校加大对体育设施建设的投入力度，改善体育教学条件，为学生提供更好的体育锻炼环境。

三、实施保障

（一）规范测评方法

学生基本运动能力测评是一项比较复杂的过程，只有测评方法合理，测评结果的准确度才会有保障。第一，测评需要有专业的场地、器材保障，且场地、器材既要符合测评相应等级的要求，也要与学生的年龄特点和发展实际相一致。第二，测评需要有专业的测评员，一方面测评员要懂得各等级的测评内容、达标要求、测评步骤等，另一方面测评员还要有公平、公正的测评专业素养，这是测评工作能够合理、有序开展的重要保障。第三，测评手段可以多元化，从人工到智能的方式逐渐过渡，更精准地测评学生的运动能力发展水平。在初期智能测评工具开发尚不完善的时候，可以通过人工测评的方式进行，随着智能测评工具的不断开发和完善，智能测评应逐渐渗透其中。智能测评不仅能够在一定程度上减轻人工测评的负担、降低组织工作的复杂性，而且能提升测评的客观性和精准度，并通过大数据对测评结果做及时反馈，同时大大提高运动能力标准的普及程度和应用范围。

（二）加强培训

为了确保"基本运动能力标准"在全国范围内有效推广和应用，提升学生基本运动能力教学质量和测评教师的专业素养，需要加强测评教师的培训工作。在培训目标方面，要让教师深入理解"基本运动能力标准"的核心理念和测评要求，掌握测评的具体方法和技巧，提升测评教师的专业素养和教学能力，确保测评工作的准确性和公正性。在培训内容方面，可以采用理论与实践相结合，标准培训与教学改革相结合的方式，让教师了解"基本运动能力标准"建设的学理，加强测评工作的规范性和责任感，并交流学习如何通过教学让学生达到相应的运动能力等级。在培训形式方面，可以采用线上线下相结合的方式。线上培训可利用数智赋能，提供线上视频教程、在线答疑等服务，方便教师随时随地进行学习；线下培训可组织集中培训，邀请专家授课和现场指导，确保教师能够全面掌握测评技能和教学方法。总之，通过"基本运动能力标准"的培训，提升测评教师的专业素养和教学能力，为"基本运动能力标准"的推广和应用奠定坚实基础。

（三）开展试点

试点工作开展前，项目组核心成员需要制定规范的测评员培训和考核办法，在测评员了解学生基本运动能力国家标准的测评流程和评定办法的前提下开展测评工作。开展试点工作，第一是确立试点区和试点校。可在前期已经确立的试点区和试点校中开展试点工作，也可以在后续征集试点区和试点校的活动中扩大试点范围，其目的是能够让更多的区域和学校会用标准、用好标准，促进学校体育高质量发展，更好地服务于学生的全面发展。第二是研制试点工作方案，包括教学改革试点工作方案、质量监测试点工作方案、督导评估试点工作方案等，有方案地开展试点工作才能更有成效，并通过方案的实施总结试点经验。第三是组织开展试点工作实践，不同的试点区和试点校可以结合区域和学校实际情况选择一种或多种试点方案，组织开展试点工作，在试点工作实践中不断优化试点工作。第四是组织开展试点经验展示交流活动，让有经验的试点区和试点校作为示范典型向全国推广，让大家能够学习借鉴、少走弯路、提高实效，从而使标准发挥更大的作用。

第二章

学生基本运动能力一级测评

一、一级达标要求

4.2.1 一级达标要求

4.2.1.1 一级测评内容及要求应符合表1的规定。

表 1 一级测评内容及要求

测评内容	观测点	违规[a] 记录	合格要求	
			违规总次数 次	完成总时间 s
爬行＋翻越	落地、绕过障碍	爬行中落地1次应记作违规1次；绕过障碍应作违规1次		
象限跳	跳格子、绕标志桶	跳出方格1次应记作违规1次；漏跳方格1次应记作违规1次；一个方格内跳2次或2次以上应记作违规1次；未绕标志桶1次应记作违规1次	≤1	≤70
绕杆跑	绕杆	碰倒杆1次应记作违规1次；漏杆1次应记作违规1次；碰倒杆未放回原处应记作违规1次		
沙包投准	踩线、越线	踩线或越线1次应记作违规1次		
[a] 违规是指受测者在测评过程中没有达到各个环节的测评要求。				

4.2.1.2 一级应符合表1违规总次数和完成总时间的合格要求。

解 读

1 爬行 + 翻越

受测者通过双手和双脚配合，爬、翻过爬行架和软体跳马，爬、翻过程中不能落地或绕过障碍。（图 2-1）

图 2-1　爬行＋翻越

2 象限跳

受测者双脚并拢，按格子所标编号，以 1—2—3—4—1（或者 1—4—3—2—1）的顺序依次跳跃，跳跃过程中不能跳出、漏跳或连续在一个格子内跳多下。（图 2-2）

图 2-2　象限跳

3 绕杆跑

受测者采用"S"形跑依次绕过标志杆，不能碰倒或漏绕杆。（图 2-3）

4 沙包投准

受测者用沙包抛、投进圈，需进圈 3 次（以第一落点为准，不含压线），最多可抛、投 6 次。抛、投时不应踩线或越线。（图 2-4）

图 2-3　绕杆跑

图 2-4　沙包投准

二、一级测评方法

（一）场地器材

5.1　一级测评

5.1.1　场地器材

测评场地、器材按如下规定：

a) 第一项爬行＋翻越：爬行架1个（长×宽×高＝1.5 m×0.5 m×0.5 m）、软体跳马1个（长×底宽×上宽×高＝1.2 m×0.65 m×0.4 m×0.6 m），爬行架与软体跳马的距离为0.5 m；

b) 第二项象限跳：方格（长×宽＝0.4 m×0.4 m），方格内标注阿拉伯数字；

c) 第三项绕杆跑：标志杆5根（高为1.5 m），杆间距1 m；

d) 第四项沙包投准：起投线（距圆心距离为3 m）、沙包6个（质量为0.15 kg）、圆圈（半径为0.3 m）。

解 读

学生基本运动能力一级测评场地为20 m×10 m的平坦场地，如球场、草坪等。

所需测评器材如下：

1. 爬行架：长×宽×高＝1.5 m×0.5 m×0.5 m，或同等规格的架子。（图2-5）

2. 软体跳马：长×底宽×上宽×高＝1.2 m×0.65 m×0.4 m×0.6 m，或同等规格的软体箱。（图2-6）

图2-5　爬行架

图2-6　软体跳马

3. 象限跳方格：长×宽＝0.4 m×0.4 m，方格内标注阿拉伯数字，或与此尺寸相同的格子或自粘格。（图2-7）

4. 标志杆：高1.5 m，或同等规格的标志物。（图2-8）

5. 沙包：质量为0.15 kg，或同等质量不同形状的沙包。（图2-9）

图 2-7　象限跳方格

图 2-8　标志杆

图 2-9　沙包

6. 起投线：地面胶带或自画线。

7. 圆圈：半径为 0.3 m 的呼啦圈或地面自画圆。（图 2-10）

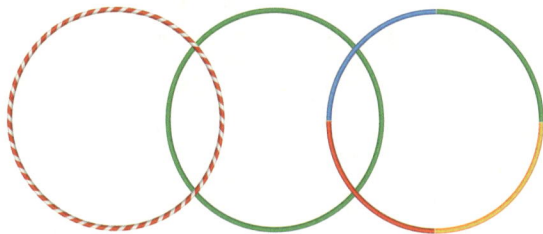
图 2-10　圆圈

（二）测评员工作

> **5.1.2　测评员工作**
>
> 测评工作由 4 名测评员完成，其测评工作包括但不限于：
> a)　1 号测评员发出测试指令，4 号测评员开始计时；
> b)　2 号测评员观察受测者在测试过程中任务完成情况及违规次数；
> c)　3 号测评员负责器材的规范摆放、回收及保护工作；
> d)　4 号测评员记录受测者到达终点时的完成总时间。

解 读

学生基本运动能力一级测评工作由 4 名测评员完成，具体分工如下：

1. 1 号测评员位于起点区，待所有测评员做好准备后，引导受测者进入起点区，发出测试"开始"指令。

2. 2 号测评员位于场地正中间，移动观察受测者每一项测试内容的完成情况及违规次数，并在表中做好记录。

3. 3号测评员位于场地中间，移动观察场地器材是否有移动、被碰倒等现象，如出现上述现象，需及时将器材归位，并做好受测者在测试过程中的安全保护。

4. 4号测评员位于终点位置，及时观察起点处1号测评员发出的"开始"指令并开始计时，当受测者到达终点时，停止计时。

（三）测试步骤

5.1.3　测试步骤

受测者测试步骤如下。

a) 依次完成爬行＋翻越、象限跳、绕杆跑、沙包投准4项测试内容，应按照图1所示的规定路线完成1次测试。

b) 第一项爬行＋翻越：站立于起点线，听到出发指令后，通过双手和双脚配合，爬、翻过爬行架和软体跳马障碍，完成后进入下一项象限跳。

c) 第二项象限跳：双脚并拢按格子所标编号依1—2—3—4—1（或者1—4—3—2—1）顺序依次跳跃。每个方格应跳1次，依次跳完4格为一轮，完成4轮后前进绕过2个标志桶进入下一项绕杆跑。

d) 第三项绕杆跑：采用"S"形跑绕过5根杆，完成后进入下一项沙包投准。

e) 第四项沙包投准：用沙包抛或投进圈，进圈3次后（以第一落点为准，不含压线）快速通过终点，最多可抛投6次。

每名受测者2次测试机会。

单位为米

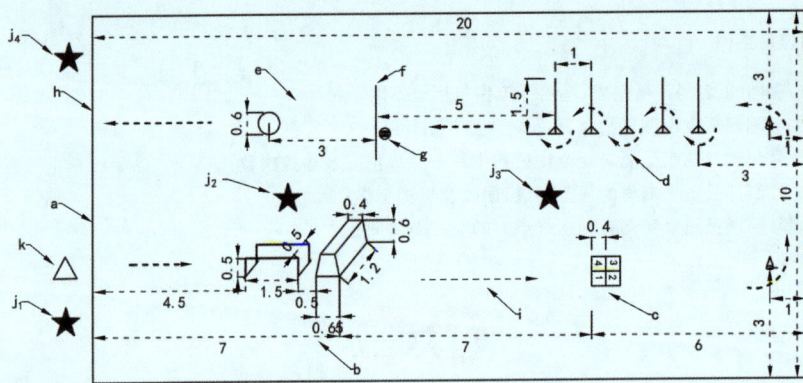

标引序号说明：

a——起点线；
b——爬行＋翻越；
c——象限跳；
d——绕杆跑；
e——沙包投准；
f——起投线；

g ——0.15 kg沙包；
h ——终点线；
i ——行进路线；
j_1、j_2、j_3、j_4——测评员位置；
k ——受测者位置。

图1　基本运动能力一级测试示意图

解 读

1.学生基本运动能力一级测评场地布置示意图如图 1 所示，共包括 4 项测试内容。

2.测试前，受测者需在测评员的引导下熟悉场地器材和任务要求。

3.测试中，受测者需按要求，依次完成 4 项测试内容。测试第一项内容时注意身体任何部位不触地；测试第二项内容时注意双脚并拢同时起跳与落地，不漏跳且不能在同一方格内连续跳；测试第三项内容时注意不能碰杆和漏绕杆，若碰倒标志杆需将其放回原位；测试第四项内容时注意投、抛沙包时不能越线或踩线。受测者如未能完成其中某项内容，也可直接进入下一项测试。

4.受测者需根据自身能力进行测试，确保自身安全。测评员要对受测者及时做好安全保护。

三、一级测评工具

学生基本运动能力一级测评达标记录表如表 2-1 所示。

四、一级测评操作视频

一级测评操作视频

表2-1 学生基本运动能力一级测评达标记录表

测评员1：　　　　测评员2：　　　　测评员3：　　　　测评员4：　　　　记录时间：　年　月　日

姓名	性别(男01/女02)	第一项：爬行＋翻越（测评员2）		第二项：象限跳（测评员3）				第三项：绕杆跑（测评员4）			第四项：沙包投准		达标要求		
		爬行中落地1次应记作违规1次(次)	绕过障碍时应1次应记作违规1次(次)	跳出方格1次应记作违规1次(次)	漏跳方格1次应记作违规1次(次)	一个方格内跳2次或2次以上应记作违规1次(次)	未绕标志桶1次应记作违规1次(次)	碰倒杆1次应记作违规1次(次)	漏杆1次应记作违规1次(次)	碰倒杆未放回原处应记作违规1次(次)	踩线或越线1次应记作违规1次(次)	6次内未投进3次应记作违规1次(次)	违规总数(次)	完成总时间(s)	总时间≤70s；违规次数≤1次；完成是否合格(是"√"或否"×")
×××	01	0	0	0	0	0	1	0	0	0	0	0	1	69	√
×××	02	0	0	0	0	1	0	0	0	0	0	0	1	73	×
×××	01	0	0	0	0	1	1	0	0	0	1	0	3	74	×

第三章

学生基本运动能力二级测评

一、二级达标要求

4.2.2 二级达标要求

4.2.2.1 二级测评内容及要求应符合表2的规定。

表 2 二级测评内容及要求

测评内容	观测点	违规[a]记录	合格要求	
			违规总次数 次	完成总时间 s
臀部支撑转体	脚或背触垫	脚或背触垫1次应记作违规1次;完成次数少1次应记作违规1次;未两手相握触地应记作违规1次	≤1	≤60
跨跳圈	漏圈、绕标志桶	漏圈1个应记作违规1次;触圈或触圈外地面1次应记作违规1次;未绕过标志桶1次应记作违规1次		
攀爬	落地、绕过攀爬架	攀爬中落地1次应记作违规1次;绕过攀爬架1次应记作违规1次		
沙包投远	踩线、越线	踩线或越线1次应记作违规1次		

[a] 违规是指受测者在测评过程中没有达到各个环节的测评要求。

4.2.2.2 二级应符合表2违规总次数和完成总时间的合格要求。

解 读

① 臀部支撑转体

受测者臀部支撑于垫上，手脚离垫，稳住身体，两手相握，完成左右转体手触垫动作（手触垫10次），转体过程中脚、背都不能触垫。（图3–1）

17

图 3-1　臀部支撑转体

② 跨跳圈

受测者用单脚连续跨跳圆圈，每次跨跳脚都必须入圈。不能漏跳、触圈或跳到圈外。（图 3-2）

图 3-2　跨跳圈

③ 攀爬

受测者手脚配合，用各种方式攀爬过障碍。攀爬中不能落地或绕过障碍。（图 3-3）

图 3-3　攀爬

④ 沙包投远

受测者将沙包以不同方式投过线（不能踩线或越线投），投至不同的远度得相应的分数，男生累计 9 分、女生累计 7 分即过关。最多可投 6 次。（图 3-4）

图 3-4 沙包投远

二、二级测评方法

（一）场地器材

5.2.1 场地器材

测评场地、器材按如下规定：

a) 第一项臀部支撑转体：体操垫 1 块（长×宽＝2 m×1 m）；

b) 第二项跨跳圈：圆圈 8 个（直径为 0.6 m），同侧圆圈前后圆心间距 1.5 m，异侧圆圈前后圆心间距 0.75 m，左右圆心相距 1.2 m（可在地上画圆圈）；

c) 第三项攀爬：攀爬架 1 个（攀登面：宽×高＝1.2 m×2 m），障碍周围应放置保护垫；

d) 第四项沙包投远：距起投线 6 m～8 m 区域为 1 分区，距起投线 8 m～10 m 区域为 2 分区，距起投线 10 m 以上区域为 3 分区，沙包 6 个（质量为 0.5 kg）。

解 读

学生基本运动能力二级测评场地为 28 m×15 m 的平坦场地，如球场、草坪等。

所需测评器材如下：

1.体操垫：长 × 宽 ＝ 2 m×1 m。（图 3-5）

2.圆圈：半径为 0.3 m 的呼啦圈或地面自画圆。

3. 攀爬架：攀登面（宽 × 高 =1.2 m × 2 m），或同等规格的攀登架。（图 3-6）

图 3-5　体操垫

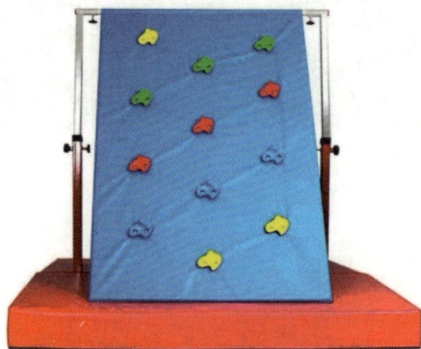

图 3-6　攀爬架

4. 沙包：质量为 0.5 kg，或同等质量不同形状的沙包。

5. 起投线：地面胶带或自画线。

6. 投掷区域：地面胶带或自画区域。

（二）测评员工作

> **5.2.2　测评员工作**
>
> 符合 5.1.2 的要求。

解　读

学生基本运动能力二级测评员工作同一级。

（三）测试步骤

5.2.3 测试步骤

受测者测试步骤如下：

a) 依次完成臀部支撑转体、跨跳圈、攀爬、沙包投远 4 项测试内容，应按照图 2 所示的规定路线完成 1 次测试；

b) 第一项臀部支撑转体：站立于起点线，听到指令后，在垫上成臀支撑（手、脚离地）、两手相握姿势后，完成左右转体手触垫动作（手触垫 10 次），脚或背不应触垫，动作完成后进入下一项跨跳圈；

c) 第二项跨跳圈：单脚连续跨跳圆圈，完成后绕过 2 个标志桶进入下一项攀爬；

d) 第三项攀爬：攀爬过障碍，完成后跑动进入下一项沙包投远；

e) 第四项沙包投远：用沙包投到不同的远度得相应的分数，男生累计 9 分、女生累计 7 分后通过终点，最多可投 6 次。

每名受测者 2 次测试机会。

单位为米

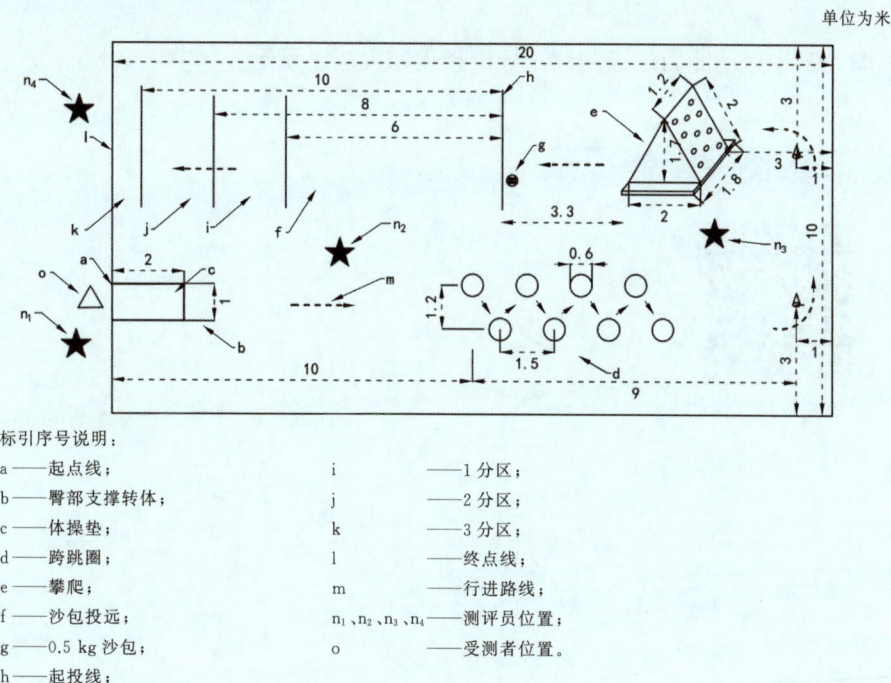

标引序号说明：

a	——起点线；	i	——1 分区；
b	——臀部支撑转体；	j	——2 分区；
c	——体操垫；	k	——3 分区；
d	——跨跳圈；	l	——终点线；
e	——攀爬；	m	——行进路线；
f	——沙包投远；	n_1、n_2、n_3、n_4——测评员位置；
g	——0.5 kg 沙包；	o	——受测者位置。
h	——起投线；		

图 2   基本运动能力二级测试示意图

解 读

1. 学生基本运动能力二级测评场地布置示意图如图 2 所示，共包括 4 项测试内容。

2. 测试前，受测者需在测评员的引导下熟悉场地器材和任务要求。

3.测试中，受测者需按要求，依次完成 4 项测试内容。测试第一项内容时须两手相握，注意除臀部以外身体其他部位不触垫；测试第二项内容时注意脚不能出圈或触圈外地面，且不漏圈；测试第三项内容时身体不落地；测试第四项内容时注意投沙包时不越线或踩线。受测者如未能完成其中某项内容，也可直接进入下一项测试。

4.受测者需根据自身能力进行测试，确保自身安全。测评员要对受测者及时做好安全保护。

三、二级测评工具

学生基本运动能力二级测评达标记录表如表 3-1 所示。

四、二级测评操作视频

二级测评操作视频

表3-1 学生基本运动能力二级测评达标记录表

测评员1：　测评员2：　测评员3：　测评员4：　记录时间：　年　月　日

姓名	性别（男01/女02）	第一项：臀部支撑转体			第二项：跨跳圈		第三项：攀爬			第四项：沙包投远			达标要求			
		脚或背触垫应记违规1次（次）	完成次数少1次应记违规1次（次）	未两手相握触地应记违规1次（次）	漏圈或触圈1个应记违规1次（次）	未绕过触圈外地面1次应记违规作违规1次（次）	攀爬中落地1次应记违规作违规1次（次）	绕过攀爬架1次应记违规作违规1次（次）		踩线或越线1次应记违规作违规1次（次）	未投过高度线应记违规作违规1次（次）	6次内男生达9分，女生达7分未达生分应记违规1次（次）	违规总次数（次）	完成总时间（s）	违规总次数≤1次；完成总时间≤60s	是否合格（是"√"或否"×"）
×××	01	0	0	0	0	1	0	0	0	0	0	0	1	58		√
×××	02	0	0	0	0	1	0	0	0	0	0	0	1	65		×
×××	01	0	0	0	0	0	0	1	0	0	0	0	1	58		√

第四章

学生基本运动能力三级测评

一、三级达标要求

4.2.3 三级达标要求

4.2.3.1 三级测评内容及要求应符合表 3 的规定。

表 3　三级测评内容及要求

测评内容	观测点	违规[a] 记录	合格要求	
			违规总次数 次	完成总时间 s
仰撑举腿摆越障碍	腿、脚碰障碍，臀或躯干碰垫	腿或脚触碰障碍 1 次应记作违规 1 次；臀或躯干触碰垫 1 次应记作违规 1 次		
双手支撑翻越组合	手的位置、脚的高度	翻越中除双手撑跳箱外，身体其余各部位触碰箱面应记作违规 1 次；翻越中双脚未高于箱面过箱应记作违规 1 次		
跨跳小栏架	触碰栏架、绕标志桶	触碰栏架 1 次应记作违规 1 次；碰倒栏架未放回原位 1 次应记作违规 1 次；未绕过标志桶 1 次应记作违规 1 次	≤1	≤50
折线跑	漏碰标志桶	未触碰标志桶顶端 1 次应记作违规 1 次；漏碰标志桶 1 次应记作违规 1 次；碰倒标志桶未放回原处应记作违规 1 次		
正面双手向前掷实心球	踩线、越线、投掷	踩线或越线 1 次应记作违规 1 次；单手投掷 1 次应记作违规 1 次		

[a] 违规是指受测者在测评过程中没有达到各个环节的测评要求。

4.2.3.2 三级应符合表 3 违规总次数和完成总时间的合格要求。

解　读

① 仰撑举腿摆越障碍

受测者在垫上，双手、双脚支撑成仰撑姿势，双脚依次向左、向右摆越过垫上

障碍 8 次，腿、脚不触碰障碍，臀部不触垫。（图 4-1）

图 4-1　仰撑举腿摆越障碍

②双手支撑翻越组合

受测者用双手支撑连续翻越 2 组高度相同的跳箱，翻越过程中双手有力撑跳箱，使双脚高于箱面，身体腾跃，除双手外，身体其余部位不能触碰箱面。（图 4-2）

图 4-2　双手支撑翻越组合

③跨跳小栏架

受测者双脚快速、连续向前跨跳过小栏架，跨跳过程中双脚不能触碰小栏架。（图 4-3）

图 4-3　跨跳小栏架

④ 折线跑

受测者用折线跑的方式依次跑到 6 个标志桶处，用单手触碰标志桶顶端，不能漏碰。（图 4-4）

图 4-4　折线跑

⑤ 正面双手向前掷实心球

受测者面对投掷区，双手头上向前掷实心球（不能踩线或越线投），投至不同的远度得相应的分数，男生累计 7 分、女生累计 6 分即过关。最多投掷 6 次。（图 4-5）

图 4-5　正面双手向前掷实心球

二、三级测评方法

（一）场地器材

5.3.1 场地器材

测评场地、器材按如下规定：

a) 第一项仰撑举腿摆越障碍：体操垫 1 块（长×宽=2 m×1 m）、小栏架 1 个（高为 0.3 m）；

b) 第二项双手支撑翻越组合：梯形跳箱 2 组（男生：长×底宽×上宽×高=1.2 m×0.9 m× 0.4 m×1.2 m；女生：长×底宽×上宽×高=1 m×0.8 m×0.4 m×1 m），各组障碍之间的距离为 1 m，各障碍周围放置保护垫；

c) 第三项跨跳小栏架：小栏架 3 个（高为 0.4 m），前后间距 2 m；

d) 第四项折线跑：标志桶 6 个（高为 0.5 m），标志桶前后、左右之间各相距 3 m；

e) 第五项正面双手向前掷实心球：距起投线 6 m～8 m 为 1 分区，距起投线 8 m～10 m 为 2 分区，距起投线 10 m 以上为 3 分区；实心球6个（质量为 1 kg）。

解 读

学生基本运动能力三级测评场地为 28 m×15 m 的平坦场地，如球场、草坪等。

所需测评器材如下：

1. 小栏架：高为 0.3 m 的小栏架 1 个，高为 0.4 m 的小栏架 3 个。（图 4-6）

图 4-6　小栏架

2. 体操垫：长 × 宽 = 2 m×1 m。

3. 梯形跳箱：2 组（男生：长 × 底宽 × 上宽 × 高 =1.2 m ×0.9 m × 0.4 m ×1.2 m；女生：长 × 底宽 × 上宽 × 高 =1 m ×0.8 m ×0.4 m ×1 m）。（图 4-7）

4. 标志桶：高为 0.5 m 的标志桶 6 个，或同等规格的标志物 6 个。（图 4-8）

5. 实心球：质量为 1kg。（图 4-9）

图 4-7　梯形跳箱

图 4-8　标志桶

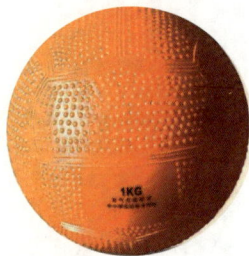
图 4-9　实心球

6. 起投线：地面胶带或自画线。

7. 投掷区域：地面胶带或自画区域。

（二）测评员工作

> **5.3.2　测评员工作**
>
> 符合 5.1.2 的要求。

解 读

学生基本运动能力三级测评员工作同一级。

（三）测试步骤

> **5.3.3　测试步骤**
>
> 受测者测试步骤如下。
> a) 依次完成仰撑举腿摆越障碍、双手支撑翻越组合、跨跳小栏架、折线跑、正面双手向前掷实心球 5 项测试内容，应按照图 3 所示的规定路线完成 1 次测试。
> b) 第一项仰撑举腿摆越障碍：站立于起点线，听到指令后在垫上手、脚支撑成仰撑姿势，双脚依次向左/向右跨过障碍 8 次，完成后进入下一项双手支撑翻越组合。
> c) 第二项双手支撑翻越组合：双手支撑连续翻越通过 2 组相同高度的障碍，完成后进入下一项跨跳小栏架。
> d) 第三项跨跳小栏架：连续向前跨跳过小栏架，完成后绕过 2 个标志桶进入下一项折线跑。碰倒小栏架应放回原位。

e) 第四项折线跑：用折线跑的方式依次触碰 6 个标志桶的顶端，完成后进入下一项正面双手向前掷实心球。

f) 第五项正面双手向前掷实心球：正面双手向前掷实心球，投到不同的远度得相应的分数，男生累计 7 分、女生累计 6 分后通过终点。最多投掷 6 次。

每名受测者 2 次测试机会。

单位为米

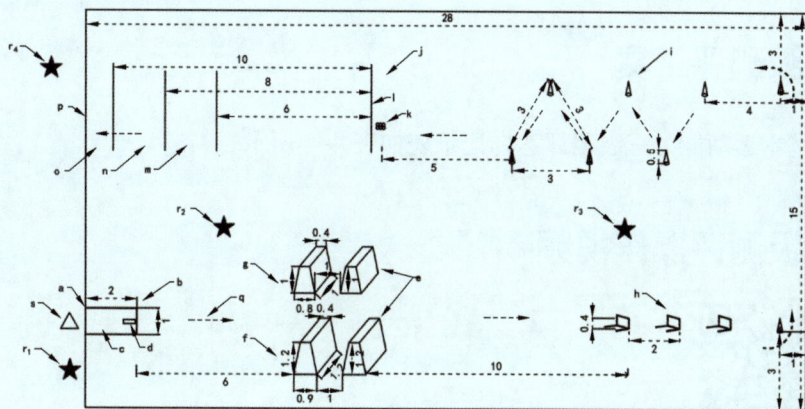

标引序号说明：

a——起点线；
b——仰撑举腿摆越障碍；
c——体操垫；
d——小栏架（高 0.3 m）；
e——双手支撑翻越组合；
f——男生路线；
g——女生路线；
h——跨跳小栏架；
i——折线跑；
j——正面双手向前掷实心球；

k——1 kg 实心球；
l——起投线；
m——1 分区；
n——2 分区；
o——3 分区；
p——终点线；
q——行进路线；
r₁、r₂、r₃、r₄——测评员位置；
s——受测者位置。

图 3　基本运动能力三级测试示意图

解 读

1.学生基本运动能力三级测评场地布置示意图如图 3 所示，共包括 5 项测试内容。

2.测试前，受测者需在测评员的引导下熟悉场地器材和任务要求。

3. 测试中，受测者需按要求，依次完成 5 项测试内容。测试第一项内容时注意腿、脚不触碰障碍，臀部和躯干不触碰垫；测试第二项内容时注意除双手外身体其余部位不触碰箱面；测试第三项内容时注意腿、脚不触碰栏架，若碰倒栏架需将其放回原位；测试第四项内容时注意手应触碰标志桶顶端，不能漏碰，若碰倒标志桶需将其放回原位；测试第五项内容时注意投掷实心球时用双手，且不越线或踩线。受测者如未能完成其中某项内容，也可直接进入下一项测试。

4. 受测者需根据自身能力进行测试，确保自身安全。测评员要对受测者及时做好安全保护。

三、三级测评工具

学生基本运动能力三级测评达标记录表如表 4-1 所示。

四、三级测评操作视频

三级测评操作视频

表 4-1 学生基本运动能力三级测评达标记录表

测评员 1:　　　测评员 2:　　　测评员 3:　　　测评员 4:　　　记录时间:　年　月　日

姓名	性别(男 01/女 02)	第一项: 仰掌摆越障碍		第二项: 双手支撑翻越组合		第三项: 跨跳小栏架			第四项: 折线跑				第五项: 正面双手头上向前掷实心球		达标要求		是否合格(是"√"或否"×")
		举腿或脚触碰障碍 1 次应记 1 次违规(次)	臀或躯干触碰垫 1 次应记 1 次违规(次)	翻越中除双手撑之外,身体其余部位触碰箱面应记 1 次违规(次)	翻越中双脚未高于箱面过箱应记 1 次违规(次)	触碰栏架 1 次应记 1 次违规(次)	碰倒栏架未放回原位应记 1 次违规(次)	未绕过标志桶应记 1 次违规(次)	未触碰标志桶顶端应记 1 次违规(次)	漏碰标志桶应记 1 次违规(次)	碰倒标志桶未放回原处应记 1 次违规(次)	踩线或越线 1 次应记 1 次违规(次)	单手投掷 1 次应记 1 次违规(次)	未投过 6 次内男生未达 7 分,女生未达 6 分应记违规 1 次(次)	违规总次数≤1 次(次)	完成总时间≤50 s 时间(s)	
×××	01	0	0	0	0	0	0	0	1	0	0	1	0	0	2	45	×
×××	02	0	0	0	0	0	0	0	0	0	0	1	0	0	1	55	×
×××	01	0	0	0	0	0	0	0	1	0	0	0	0	0	1	45	√

第五章

学生基本运动能力四级测评

一、四级达标要求

4.2.4 四级达标要求

4.2.4.1 四级测评内容及要求应符合表 4 的规定。

表 4 四级测评内容及要求

测评内容	观测点	违规[a] 记录	合格要求		
			违规总次数 次	完成总时间 s	
				男	女
支撑横移	身体触垫	身体触垫 1 次应记作违规 1 次	≤1	≤60	≤65
单手支撑翻越＋滚翻	双脚高度	翻越中双脚未高于箱面过箱应记作违规 1 次；双手支撑应记作违规 1 次			
斜身引体	落垫、绕标志桶、下颚、肘	身体落垫 1 次应记作违规 1 次；未绕过标志桶 1 次应记作违规 1 次；每个斜身引体下颚未超过横杠上沿应记作违规 1 次，还原时屈肘应记作违规 1 次			
折线跑	漏碰标志	未触碰标志 1 次应记作违规 1 次；触碰相邻标志 1 次应记作违规 1 次			
正面双手向前掷实心球	踩线、越线、投掷	踩线或越线 1 次应记作违规 1 次；单手投掷 1 次应记作违规 1 次			
[a] 违规是指受测者在测评过程中没有达到各个环节的测评要求。					

4.2.4.2 四级应符合表 4 违规总次数和完成总时间的合格要求。

解 读

1 支撑横移

受测者俯撑准备，从垫子的一端开始，手脚依次横向移动到垫子的另一端，并

通过标志线。（图 5-1）

图 5-1　支撑横移

② 单手支撑翻越 + 滚翻

受测者单手用力支撑跳箱，身体快速翻越跳箱后，随身体的惯性接侧滚、前滚等滚翻动作。翻越中双脚要高于箱面。（图 5-2）

图 5-2　单手支撑翻越 + 滚翻

③ 斜身引体

受测者两手握杠，手心朝外，两手距离与肩同宽，两脚前伸蹬地，脚掌着地，身体保持挺直，两臂与躯干约成 90° 斜悬垂，身体与地面的夹角小于 45°，屈臂引体靠杠，下颚（应为"下颌"）超过横杠上沿，还原成直臂为 1 次，不能屈肘。男生 10 次、女生 7 次，引体过程中身体不落垫。（图 5-3）

图 5-3　斜身引体

4 折线跑

受测者在由五个标志盘组成的"五角形"区域中，从"五角形"的一个角（A）出发，依次按照 A—B—C—D—E 不相邻的点折返移动的顺序，用手触碰标志点，不漏碰。（图 5-4）

图 5-4　折线跑

5 正面双手向前掷实心球

受测者面对投掷区，双手头上向前掷实心球，投至不同的远度得相应的分数，男生累计 7 分、女生累计 5 分即过关。最多投掷 6 次。（图 5-5）

图 5-5　正面双手向前掷实心球

二、四级测评方法

（一）场地器材

5.4.1　场地器材

测评场地、器材按如下规定。

a)　第一项支撑横移：体操垫 2 块（长×宽＝2 m×1 m）。

b)　第二项单手支撑翻越＋滚翻：梯形跳箱 1 组（男生：长×底宽×上宽×高＝1.2 m×0.9 m× 0.4 m×1.2 m；女生：长×底宽×上宽×高＝1 m×0.8 m×0.4 m×1 m），体操垫 4 块（长× 宽＝1.5 m×2 m），梯形跳箱与体操垫之间的距离为 0.6 m。

c)　第三项斜身引体：可调节单杠 1 副；保护垫 1 块（长×宽＝2 m×1 m）。

d)　第四项折线跑："五角形"图形（边长为 5 m），每个"角"的半径是 0.1 m 的圆或垫片。

e)　第五项正面双手向前掷实心球：距起投线 3.5 m～4.5 m 区域为 1 分区，距起投线 4.5 m～ 5.5 m区域为 2 分区，距起投线 5.5 m 以上区域为 3 分区；实心球 6 个（质量为 2 kg）。

解 读

学生基本运动能力四级测评场地为 28 m×15 m 的平坦场地，如球场、草坪等。

所需测评器材如下：

1.体操垫：长 × 宽＝2 m×1 m 的体操垫 2 块，以及其他不同大小的用于保护的体操垫若干。

2.梯形跳箱：1 组。

3.可调节单杠：高为 1 m，或同等规格、稳定性好的单杠架。（图 5-6）

图 5-6　可调节单杠

4.标志点：半径为 0.1 m 的标志盘、垫片、地贴或自画圆。（图 5-7）

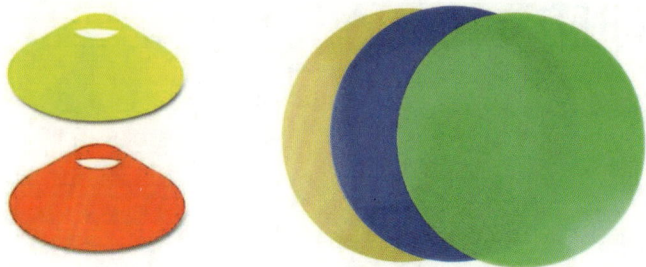

图 5-7　标志盘、垫片

5. 实心球：质量为 2 kg 的实心球 6 个。

6. 起投线：地面胶带或自画线。

7. 投掷区域：地面胶带或自画区域。

（二）测评员工作

5.4.2　测评员工作

符合 5.1.2 的要求。

解 读

学生基本运动能力四级测评员工作同一级。

（三）测试步骤

5.4.3　测试步骤

受测者测试步骤如下：

a)　依次完成支撑横移、单手支撑翻越＋滚翻、斜身引体、折线跑、正面双手向前掷实心球5项测试内容，应按照图 4 所示的规定路线完成 1 次测试；

b)　第一项支撑横移：站立于起点，听到指令后从俯撑开始，手脚依次从起点线横向移动通过标志线，手脚全部通过标志线后进入下一项单手支撑翻越＋滚翻；

c)　第二项单手支撑翻越＋滚翻：单手支撑翻越梯形跳箱后接滚翻动作，完成后进入下一项斜身引体；

d)　第三项斜身引体：双手正握杠，约与肩同宽，两脚前伸蹬地，全脚掌着地身体保持挺直，两臂与躯干成90°斜悬垂，身体与地面的夹角小于 45°，曲臂引体靠杠，下颚应要求超过横杠上沿，还原成直臂为 1 次，男生 10 次，女生 7 次，完成后绕过 2 个标志桶进入下一项折线跑；

e)　第四项折线跑：从"五角形"的 A 角（标志桶）出发，依次按照 A—B—C—D—E 折返移动用手触碰标志点，完成后进入下一项正面双手向前掷实心球；

f) 第五项正面双手向前掷实心球:正面双手向前投掷实心球,投到不同远度得相应的分数,男生累计7分、女生累计5分后通过终点,每人最多投掷6次。

每名受测者2次测试机会。

单位为米

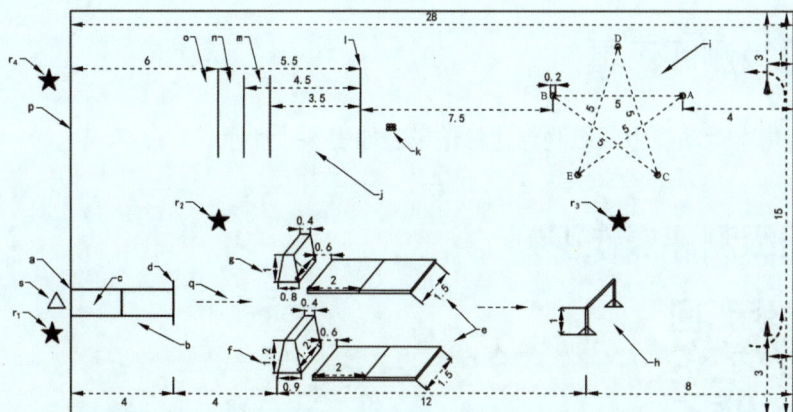

标引序号说明:

a	—— 起点线;		k	—— 2 kg 实心球;
b	—— 支撑横移;		l	—— 起投线;
c	—— 体操垫;		m	—— 1分区;
d	—— 标志线;		n	—— 2分区;
e	—— 单手支撑翻越+滚翻;		o	—— 3分区;
f	—— 男生路线;		p	—— 终点线;
g	—— 女生路线;		q	—— 行进路线;
h	—— 斜身引体;		r_1、r_2、r_3、r_4	—— 测评员位置;
i	—— 折线跑;		s	—— 受测者位置。
j	—— 正面双手向前掷实心球;			

图 4　基本运动能力四级测试示意图

解读

1.学生基本运动能力四级测评场地布置示意图如图4所示,共包括5项测试内容。

2.测试前,受测者需在测评员的引导下熟悉场地器材和任务要求。

3.测试中,受测者需按要求,依次完成5项测试内容。测试第一项内容时注意除手和脚外,身体其他部位不触碰垫;测试第二项内容时注意双手支撑,双脚高于箱面;测试第三项内容时注意身体不落垫,下颚超过横杠上沿;测试第四项内容时注意手每次应触碰不相邻的标志;测试第五项内容时注意投掷实心球时用双手,且不越线或踩线。受测者如未能完成其中某项内容，也可直接进入下一项测试。

4.受测者需根据自身能力进行测试，确保自身安全。测评员要对受测者及时做好安全保护。

三、四级测评工具

学生基本运动能力四级测评达标记录表如表5-1所示。

四、四级测评操作视频

四级测评操作视频

表 5-1 学生基本运动能力四级测评达标记录表

测评员1：　　测评员2：　　测评员3：　　测评员4：　　记录时间：　　年　月　日

姓名	性别（男01/女02）	第一项：支撑横移 身体触垫1次应记违作违规1次（次）	第二项：单手支撑翻越+滚翻		第三项：斜身引体			第四项：折线跑		第五项：正面双手向前掷实心球			违规总次数（次）	达标要求 违规总次数≤1次；完成总时间 男≤60s 女≤65s	
			翻越中双脚未过高于箱面应记违作违规1次（次）	双手支撑未做滚翻应记违作违规1次（次）	身体落垫1次应记违作违规1次（次）	未绕过标志桶应记违作违规1次（次）	每个斜身引体下颚未超过杠上沿应记违作（次）、还原时屈肘应记违作违规1次（次）	未触碰标志应记违作违规1次（次）	触碰相邻标志应记违作违规1次（次）	踩线或越线应记违作违规1次（次）	单手投掷应记违作违规1次（次）	未投过高度线应记违作违规1次（次）		完成总时间（s）	是否合格（是合格"√"否"×"）
×××	01	1	0	0	0	0	0	0	0	0	0	0	2	58	×
×××	02	1	0	0	0	0	0	0	0	0	0	0	1	63	√
×××	01	1	0	0	0	0	0	0	0	0	0	0	1	58	√

第六章

学生基本运动能力五级测评

一、五级达标要求

4.2.5　五级达标要求

4.2.5.1　五级测评内容及要求应符合表5的规定。

表5　五级测评内容及要求

测评内容	观测点	违规[a]记录	合格要求		
			违规总次数 次	完成总时间 s	
				男	女
远撑前滚翻	身体触地、支撑位置、蹲立	身体触地1次应记作违规1次;支撑手未过标志线应记作违规1次;滚翻后未成蹲立应记作违规1次	≤2	≤90	≤100
负重物搬运	重物落地	重物落地1次应记作违规1次;重物未放入圈内应记作违规1次			
支撑绕圈	四点支撑、绕标志桶	手触碰内圆弧线及内弧外区域1次应记作违规1次;双脚触碰外圆弧线或踩进外圆内1次应记作违规1次;只允许双手、双脚四点支撑移动,身体其他部位触碰地面1次应记作违规1次;未绕过标志桶1次应记作违规1次			
跳跃障碍组合	碰、钻障碍	碰倒障碍1次应记作违规1次;未采用"双起双落"方式1次应记作违规1次;钻越中身体碰触A字架蹬踏板顶端应记作违规1次			
正面双手向前掷实心球＋折线跑	踩线、越线、投掷、球放原处、触碰及绕标志桶	踩线或越线1次应记作违规1次;未原地双手投掷应记作违规1次;未将球放回原处应记作违规1次;折返未触碰标志桶1次应记作违规1次;未绕过标志桶1次应记作违规1次			
抗阻跑	去拉力带时机	身体未过终点线就与拉力带分离应记作违规1次			

[a]　违规是指受测者在测评过程中没有达到各个环节的测评要求。

4.2.5.2　五级应符合表5违规总次数和完成总时间的合格要求。

解 读

① 远撑前滚翻

受测者由静止半蹲开始，两脚充分蹬地，同时双手向前方远处撑垫后完成前滚翻，后成蹲立姿势。（图 6-1）

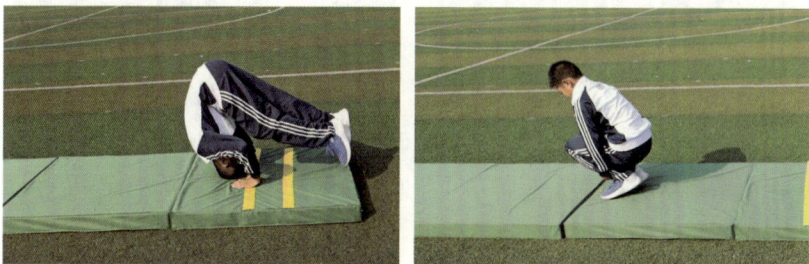

图 6-1　远撑前滚翻

② 负重物搬运

受测者采用拎、抱等方式将 4 个重物从 A 圈搬到 B 圈，每次搬运时，须根据自己能力选择搬运的数量，搬运途中重物不能落地。（图 6-2）

图 6-2　负重物搬运

③ 支撑绕圈

受测者双手俯撑于内圆圆弧起点处，双脚在外圆圆弧外侧。沿起点开始，用双手和双脚俯撑移动 1 圈，起点与终点为同一标识，双手与双脚全部移过终点为完成。俯撑移动过程中，除手、脚外，身体其他部位不能落地，双手不能触碰内圆弧线，双脚不能触碰外圆弧线。（图 6-3）

图 6-3　支撑绕圈

④ 跳跃障碍组合

受测者采用"双脚起跳、双脚落下"的跳跃方式连续跳跃小栏架，男生连续跳跃 7 个、女生连续跳跃 5 个即过关。跳跃时不能碰倒小栏架，跳跃小栏架后双手握 A 字架单杠并钻越 A 字架，钻越中身体不能碰 A 字架蹬踏板顶端。（图 6-4）

图 6-4　跳跃障碍组合

⑤ 正面双手向前掷实心球 + 折返跑

受测者原地双手向前掷实心球（投掷时不能踩线或越线）后进行折返跑。折返的次数由受测者投掷的远度决定，男生折返距离为从起点处标志桶到 8 m 处标志桶，女生折返距离为从起点处标志桶到 6 m 处标志桶。折返过程中必须用手触碰标志桶顶端。［折返次数规则：实心球未投过 A（男）、E（女）线折返 4 次，投过 A（男）、E（女）线折返 3 次，投过 B（男）、F（女）线折返 2 次，投过 C（男）、A（女）线折返 1 次］。（图 6-5）

图 6-5　正面双手向前掷实心球＋折返跑

❻ 抗阻跑

受测者将拉力带固定于腰部，拖动 1 个轮胎（男生 15 kg、女生 10 kg）进行 23 m 的抗阻跑，人和轮胎均过终点结束。（图 6-6）

图 6-6　抗阻跑

二、五级测评方法

（一）场地器材

5.5.1　场地器材

测评场地、器材按如下规定。

a)　第一项远撑前滚翻：体操垫 2 个（长×宽＝2 m×1 m）、体操垫上分别标注 0.4 m（女生）和 0.6 m（男生）标志线（宽度不应超过 0.05 m 的有色线条）。

b)　第二项负重物搬运:呼啦圈或地面圆 2 个(直径为 0.8 m),圆心距距离为 10 m;重物 4 个(质量为 10 kg),重物可用壶铃或同等质量的拎物(如桶装水、米袋等)。

c)　第三项支撑绕圈:半径分别为 1 m 和 1.8 m 的 2 个同心圆,起终点线在同一条线上,用有色胶布或者粉笔标识在内圆直径(平行跑道线)切点处。

d)　第四项跳跃障碍组合:小栏架 12 个(宽×高 =0.45 m×0.5 m)、A 字架 2 个(男生:长×宽×高 =1 m×0.8 m×1.8 m,女生:长×宽×高 =1 m×0.8 m×1.6 m),A 字架与小栏架之间的距离为 5 m。

e)　第五项正面双手向前掷实心球+折线跑:实心球 6 个(质量为 2 kg)、标志桶 5 个(高为 0.5 m),投掷线前方右侧标注男生 A、B、C 三条线,距投掷线分别为 6 m、7 m、8 m;投掷线前方左侧标注女生 E、F、A 三条线,距投掷线分别为 4 m、5 m、6 m;标志线规格:线长 1 m,线宽 0.05 m;男生 8 m 处放 1 个标志桶,女生 6 m 处放 1 个标志桶,男女平分区域线与起点线交界处放 1 个标志桶。

f)　第六项抗阻跑:拉力带 1 套(规格为 3 m)、轮胎 1 个(质量为 15 kg)、轮胎 1 个(质量为 10 kg)。

解 读

学生基本运动能力五级测评场地为 28 m×15 m 的平坦场地,如球场、草坪等。所需测评器材如下:

1. 体操垫:长 × 宽 =2 m×1 m 的体操垫 2 块。

2. 垫上标志线:宽度不应超过 0.05 m 的有色线条或自画线。

3. 圆圈:直径为 0.8 m 的圆圈 2 个,可以是呼啦圈或地面圆。

4. 重物:质量为 10 kg,或同等规格的壶铃(图 6-7)、袋装米、水桶等拎物。

图 6-7　壶铃

5. 同心圆:半径为 1 m 和 1.8 m 的圆各 2 个,可以是同等规格的地面圆或地贴圆。

6. 小栏架:宽 × 高 =0.45 m×0.5 m 的小栏架 12 个。

7. 可调节 A 字架:男生(长 × 宽 × 高 =1 m×0.8 m×1.8 m),女生(长 × 宽 × 高 =1 m×0.8 m×1.6 m),或同等规格且稳定性好的障碍。(图 6-8)

8. 实心球:质量为 2 kg 的实心球 6 个。

9. 起投线:地面胶带或自画线。

10. 标志桶：高为 0.5 m，或同等规格的障碍。

11. 拉力带：1 套，规格为 3 m，或同等规格的粗绳。（图 6-9）

12. 轮胎：2 个，质量分别为 15 kg、10 kg。（图 6-10）

图 6-8　可调节 A 字架

图 6-9　拉力带

图 6-10　轮胎

（二）测评员工作

5.5.2　测评员工作

符合 5.1.2 的要求。

解 读

学生基本运动能力五级测评员工作同一级。

（三）测试步骤

5.5.3　测试步骤

受测者测试步骤如下。

a) 依次完成远撑前滚翻、负重物搬运、支撑绕圈、跳跃障碍组合、正面双手向前掷实心球、抗阻跑 6 项测试内容，应按照图 5 所示的规定路线完成 1 次测试。

b) 第一项远撑前滚翻：站立于起点线，听到指令后开始，受测者根据要求进行远撑前滚翻，滚翻后成蹲立，完成后进入下一项负重物搬运。

c) 第二项负重物搬运：采用拎、抱等方式将 4 个重物从 A 圈搬运到 B 圈，完成后进入下一项支撑绕圈。

d) 第三项支撑绕圈：双手俯撑于内圆圆弧起点处，双脚在外圆圆弧外侧，沿起点开始用双手和双脚俯撑移动 1 圈，起点与终点为同一标识，双手与双脚全部移过终点线处为完成，完成后绕过 2 个标志桶进入下一项跳跃障碍组合。

e) 第四项跳跃障碍组合：采用"双起双落"跳跃方式进行跳跃障碍（小栏架），其中男生跳跃 7 个障碍，女生跳跃 5 个障碍。跳跃小栏架后钻过 A 字架。完成后进入下一项正面双手向前掷实心球。

f) 第五项正面双手向前掷实心球+折线跑：

　　1) 原地双手向前掷实心球后进行折返跑；

　　2) 折返的次数由受测者投掷的远度决定，男生折返距离为从起点处标志桶到 8 m 标志桶，女生折返距离为从起点处标志桶到 6 m 标志桶；

　　3) 折返次数规则：实心球未投过 A（男）、E（女）线折返 4 次，投过 A（男）、E（女）线折返 3 次，投过 B（男）、F（女）线折返 2 次，投过 C（男）、A（女）线折返 1 次，投掷过程中不应踩线或越线，投掷完器材应放回原位，完成后绕过 2 个标志桶进入下一项抗阻跑。

g) 第六项抗阻跑：拉力带固定于腰部，拖动 1 个轮胎（男生 15 kg，女生 10 kg）进行 23 m 的抗阻跑，人和轮胎均过终点结束。

每名受测者 2 次测试机会。

单位为米

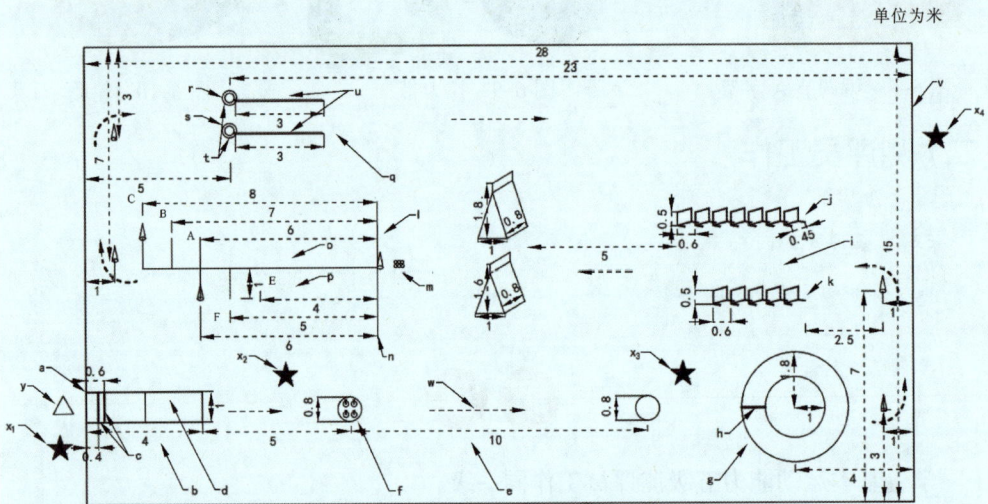

标引序号说明：

a——起点线；
b——远撑前滚翻；
c——标志线；
d——体操垫；
e——负重物搬运；
f——10 kg 重物；
g——支撑绕圈；
h——支撑绕圈起终点线；
i——跳跃障碍组合；
j——男生路线；
k——女生路线；
l——正面双手向前掷实心球；
m——2 kg 实心球；

n——起投线；
o——男生投掷区；
p——女生投掷区；
q——抗阻跑；
r——男生路线；
s——女生路线；
t——轮胎；
u——拉力背带；
v——终点线；
w——行进路线；
x_1、x_2、x_3、x_4——测评员位置；
y——受测者位置。

图 5　基本运动能力五级测试示意图

解 读

1.学生基本运动能力五级测评场地布置示意图如图 5 所示，共包括 6 项测试内容。

2.测试前，受测者需在测评员的引导下熟悉场地器材和任务要求。

3.测试中，受测者需按要求，依次完成 6 项测试内容。测试第一项内容时身体不能触地，支撑手需过标志线，滚翻后成蹲立；测试第二项内容时注意重物不落地，且应放在圈内；测试第三项内容时注意手不触碰内圆弧线及内弧外区域，双脚不触碰外圆弧线或进外圆，除手、脚外，身体其他部位不触碰地面；测试第四项内容时注意双脚同时起跳同时落地，不碰倒障碍，钻越时身体不触碰 A 字架蹬踏板顶端；测试第五项内容时注意投掷实心球时用双手，投掷时不越线或踩线，折返时手触碰到标志桶；测试第六项内容时注意身体和轮胎都要过终点线。受测者如未能完成其中某项内容，也可直接进入下一项测试。

4.受测者需根据自身能力进行测试，确保自身安全。测评员要对受测者及时做好安全保护。

三、五级测评工具

学生基本运动能力五级测评达标记录表如表 6-1 所示。

四、五级测评操作视频

五级测评操作视频

表6-1　学生基本运动能力五级测评达标记录表

测评员1:　　测评员2:　　测评员3:　　测评员4:　　记录时间:　　年　月　日

姓名	性别（男01/女02）	第一项：远撑前滚翻			第二项：负重物搬运		第三项：支撑绕圈				第四项：跳跃障碍组合			第五项：正面双手向前掷实心球+折线跑				第六项：抗阻跑	达标要求			
		身体触地1次应记作违规1次（次）	支撑手未过标志线应记作违规1次（次）	滚翻后未成蹲立应记作违规1次（次）	重物落地应记作违规1次（次）	重物未放入圈内应记作违规1次（次）	手触碰内圆弧线及圆内区域1次记违规1次（次）	双脚触碰外圆弧线或踩进外区域1次记违规1次（次）	双手、双脚四点支撑移动，其他部位触地应记违规1次（次）	未绕过标志桶应记作违规1次（次）	碰倒障碍1次应记作违规1次（次）	未采用"双足""双落"方式记违规1次（次）	钻越中身体碰触A字架踩踏板顶端应记违规1次（次）	踩线或越线投掷违规1次（次）	未原地双手头上投应记违规1次（次）	未将球放回原处应记违规1次（次）	折返未触标志桶应记违规1次（次）	身体未过终点线就与拉力带分离违规1次（次）	违规总次数（次）	完成总时间(s)	违规总数≤1次；完成总时间男≤90s 女≤100s	是否合格（是"√"或否"×"）
×××	01	0	0	0	0	0	1	1	0	0	0	0	0	1	0	0	0	0	3	89		×
×××	01	0	0	0	0	0	1	1	0	0	0	0	0	1	0	0	0	0	3	93		×
×××	01	0	0	0	0	0	0	0	0	0	0	0	0	1	0	0	0	0	1	85		√

第七章

学生基本运动能力六级测评

一、六级达标要求

4.2.6　六级达标要求

4.2.6.1　六级测评内容及要求应符合表 6 的规定。

表 6　六级测评内容及要求

测评内容	观测点	违规[a] 记录	合格要求		
			违规总次数 次	完成总时间 s	
				男	女
跨跳障碍	踩障碍区	踩入障碍区 1 次应记作违规 1 次	≤2	≤90	≤110
手支撑绕圈	手触区域、脚离垫、绕标志桶	双手触碰圆弧线及圆内区域 1 次应记作违规 1 次；除双手外身体其他部位触碰地面 1 次应记作违规 1 次；脚离开高垫 1 次应记作违规 1 次；未绕过标志桶 1 次应记作违规 1 次			
负重跳跃障碍组合	负重过障碍、绕标志桶	碰倒 1 个小栏架应记作违规 1 次；未采用"双起双落"方式 1 次应记作违规 1 次；未到达指定地点脱掉负重背心应记作违规 1 次；负重背心未放入圈内应记作违规 1 次；未绕过标志桶 1 次应记作违规 1 次			
钻过障碍	碰、钻障碍	碰倒障碍 1 次应记作违规 1 次；漏钻障碍 1 次应记作违规 1 次			
正面双手向前掷实心球＋折返跑	踩线、越线、投掷、触碰标志桶、球放回原处	踩线或越线 1 次应记作违规 1 次；未原地双手投掷应记作违规 1 次；未触碰标志桶 1 次应记作违规 1 次；未将球放回原处应记作违规 1 次			

[a] 违规是指受测者在测评过程中没有达到各个环节的测评要求。

4.2.6.2　六级应符合表 6 违规总次数和完成总时间的合格要求。

解读

1 跨跳障碍

受测者连续跨跳过障碍区，脚不能踩入障碍区。（图 7-1）

图 7-1 跨跳障碍

2 手支撑绕圈

受测者双手俯撑于圆弧外起点处，双脚在圆内高垫上（不离垫），沿起点开始用双手俯撑移动 1 圈，起点与终点为同一标识，双手移过终点即完成，双手不能触碰圆弧线及圆内区域，除双手外身体其他部位不能触地。（图 7-2）

图 7-2 手支撑绕圈

3 负重跳跃障碍组合

受测者到指定位置穿着负重背心后，采用"双脚起跳、双脚落下"的跳跃方式连续跳跃小栏架，男生连续跳跃 7 个、女生连续跳跃 5 个（不能碰倒或漏跳）。跳跃

小栏架后翻越 A 字架，绕过 2 个标志桶，途中跑到指定位置脱掉负重背心，放入呼啦圈即完成。（图 7-3）

图 7-3　负重跳跃障碍组合

4 钻过障碍

受测者采用钻、爬等方式连续钻过 5 个障碍，不能碰倒或漏钻障碍。（图 7-4）

图 7-4　钻过障碍

⑤ 正面双手向前掷实心球 + 折返跑

受测者原地双手向前掷实心球（投掷时不能踩线或越线）后进行折返跑。折返的次数由受测者投掷的远度决定，男生折返距离为从起点处标志桶到 9 m 处标志桶，女生折返距离为从起点处标志桶到 7 m 处标志桶。折返过程中必须用手触碰标志桶顶端。[折返次数规则：实心球未投过 A（男）、E（女）线折返 4 次，投过 A（男）、E（女）线折返 3 次，投过 B（男）、F（女）线折返 2 次，投过 C（男）、A（女）线折返 1 次]。（图 7-5）

图 7-5　正面双手向前掷实心球 + 折返跑

二、六级测评方法

（一）场地器材

5.6.1　场地器材

测评场地、器材按如下规定。

a) 第一项跨跳障碍：障碍区（女生），障碍区域 5 个（长为 1 m），障碍间隔 1.5 m；障碍区（男生），障碍区域 5 个（长为 1.3 m），障碍间隔 2 m；男女障碍区左右间隔 1 m。

b) 第二项手支撑绕圈：圆 1 个（半径为 1 m），起/终点线用有色胶布或者粉笔标识在内圆直径的延长线上；小垫子 3 块（0.5 m×0.5 m），应用胶带捆绑固定为整体。

c) 第三项负重跳跃障碍组合：小栏架 12 个（宽×高＝0.45 m×0.5 m）、A 字架 2 个［长×宽×高＝1 m×0.8 m×1.8 m（男）/1.6 m（女）］，A 字架与小栏架之间的距离为 5 m；负重背心 2 件（男 3 kg/女 2 kg）；呼啦圈 2 个（直径为 0.6 m）。

d) 第四项钻过障碍：栏架 5 个（高为 0.914 m），前后栏间距 3 m，左右栏间距 1 m，侧方置于前后栏中间延长线上。

e) 第五项正面双手向前掷实心球＋折返跑：实心球 6 个（质量为 2 kg）、标志桶 3 个（高度为 0.5 m），投掷线前方左侧标注男生 A、B、C 三条线，距投掷线分别为 7 m、8 m、9 m，投掷线前方右侧标注女生 E、F、A 三条线，距投掷线分别为 5 m、6 m、7 m，标志线规格：线长 1 m，线宽 0.05 m；男生 9 m 处放 1 个标志桶，女生 7 m 处放 1 个标志桶，男女平分区域线与起点线交界处放 1 个标志桶。

解 读

学生基本运动能力六级测评场地为 28 m×15 m 的平坦场地，如球场、草坪等。

所需测评器材如下：

1. 障碍区：男生测试障碍区长为 1.3 m，女生测试障碍区长为 1 m，或同等规格的地面粘贴区域。（图 7-6）

图 7-6　障碍区

2. 圆圈：半径为 1 m 的圆圈 1 个，可以是地面圆。

3. 体操垫：0.5 m×0.5 m 的体操垫 3 块，捆绑固定成整体，或同规格的器材。

4. 重物：质量为 10 kg，可以是同等规格的壶铃、袋装米、水桶等拎物。

5. 小栏架：宽 × 高 =0.45 m×0.5 m 的小栏架 12 个。

6. 可调节 A 字架：男生（长 × 宽 × 高 =1 m×0.8 m×1.8 m），女生（长 × 宽 × 高 =1 m×0.8 m×1.6 m），或同等规格、稳定性好的障碍。

7. 负重背心：2件（男生 3 kg、女生 2 kg）。（图 7-7）

8. 呼啦圈：直径为 0.6 m，或同等规格的地面圆。

9. 栏架：高为 0.914 m 的栏架 5 个。（图 7-8）

图 7-7　负重背心

图 7-8　栏架

10. 实心球：质量为 2 kg 的实心球 6 个。

11. 起投线：地面胶带或自画线。

12. 投掷区域：地面胶带或自画区域，男生投掷区域在左，女生投掷区域在右。

（图 7-9）

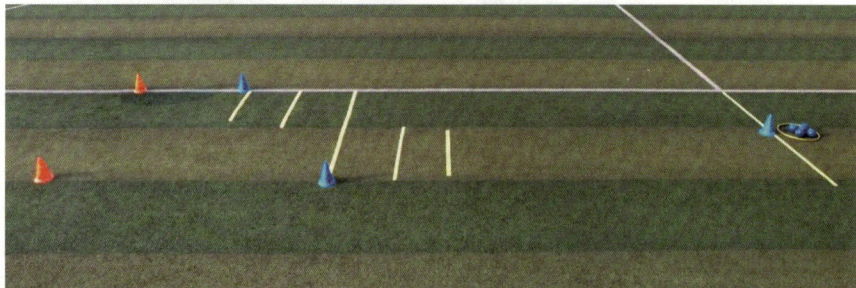

图 7-9　投掷区域

13. 标志桶：高为 0.5 m，或同等规格的障碍。

（二）测评员工作

5.6.2 测评员工作

符合 5.1.2 的要求。

解 读

学生基本运动能力六级测评员工作同一级。

（三）测试步骤

5.6.3 测试步骤

受测者测试步骤如下。

a) 依次完成跨跳障碍、手支撑绕圈、负重跳跃障碍组合、钻过障碍、正面双手向前掷实心球＋折返跑 5 项测试内容，应按照图 6 所示的规定路线完成 1 次测试。

b) 第一项跨跳障碍：站立于起点线，准备完毕后举手示意，听到指令后开始，连续跨跳过障碍区，完成后进入下一项手支撑绕圈。

c) 第二项手支撑绕圈：双手俯撑于圆弧外起点处，双脚在圆内高垫上，沿起点开始用双手俯撑移动 1 圈，起点与终点为同一标识，双手移过终点线完成，完成后绕过 2 个标志桶进入下一项负重跳跃障碍组合。

d) 第三项负重跳跃障碍组合：到指定位置穿着负重背心后，采用"双起双落"的跳跃方式进行跳跃障碍（小栏架），其中男生跳跃 7 个障碍，女生跳跃 5 个障碍。跳跃小栏架后翻越 A 字架，绕过 2 个标志桶，途中跑到指定位置脱掉负重背心，放入呼啦圈内，进入下一项钻过障碍。

e) 第四项钻过障碍：采用钻、爬等方式连续钻过 5 个障碍，进入下一项正面双手向前掷实心球＋折返跑。

f) 第五项正面双手向前掷实心球＋折返跑：

1) 原地双手向前掷实心球后进行折返跑；

2) 折返的次数由该受测者投掷的远度决定，男生折返距离为从起点处标志桶到 9 m 标志桶，女生折返距离为从起点处标志桶到 7 m 标志桶；

3) 折返次数规则：实心球未投过 A（男）、E（女）线折返 4 次，投过 A（男）、E（女）线折返 3 次，投过 B（男）、F（女）线折返 2 次，投过 C（男）、A（女）线折返 1 次，投掷过程中不应踩线或越线，投掷后器材应放回原位，并跑过终点线。

每名受测者 2 次测试机会。

单位为米

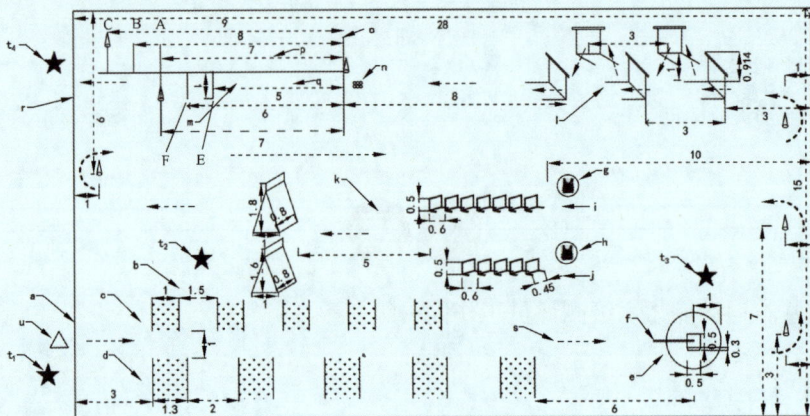

标引序号说明：

a——起点线；

b——跨跳障碍；

c——女生路线；

d——男生路线；

e——手支撑绕圈；

f——起/终点线；

g——3 kg 负重背心；

h——2 kg 负重背心；

i——男生路线；

j——女生路线；

k——负重跳跃障碍组合；

l——钻过障碍；

m——正面双手向前掷实心球＋折返跑；

n——2 kg 实心球；

o——起投线；

p——男生投掷区；

q——女生投掷区；

r——终点线；

s——行进路线；

t_1、t_2、t_3、t_4——测评员位置；

u——受测者位置。

图 6 基本运动能力六级测试示意图

解读

1. 学生基本运动能力六级测评场地布置示意图如图 6 所示，共包括 5 项测试内容。

2. 测试前，受测者需在测评员的引导下熟悉场地器材和任务要求。

3. 测试中，受测者需按要求，依次完成 5 项测试内容。测试第一项内容时注意脚不踩入障碍区；测试第二项内容时注意手不触碰圆弧线及圆内区域，脚不离开高垫，除手外身体其他部位不触碰地面；测试第三项内容时注意双脚同时起跳同时落地，不碰倒障碍，翻越时身体不落地，到指定位置脱掉负重背心放入圈内；测试第四项内容时注意身体不碰倒障碍，不漏钻障碍；测试第五项内容时注意投掷实心球时用双手，投掷时不能越线或踩线，折返时手触碰标志桶。受测者如未能完成其中某项内容，也可直接进入下一项测试。

4.受测者需根据自身能力进行测试，确保自身安全。测评员要对受测者及时做好安全保护。

三、六级测评工具

学生基本运动能力六级测评达标记录表如表 7-1 所示。

四、六级测评操作视频

六级测评操作视频

表7-1 学生基本运动能力六级测评达标记录表

测评员1：　　测评员2：　　测评员3：　　测评员4：　　记录时间：　年　月　日

姓名	性别（男01/女02）	第一项：跨障跳障碍 踩人障碍区1次应记作违规1次（次）	双手触碰圆弧线及圆内区域应记作违规1次（次）	第二项：手支撑绕圈 除双手外身体其他部位触碰地面1次应记作违规1次（次）	脚离开高垫部应记作违规1次（次）	未绕过标志桶1次应记作违规1次（次）	第三项：负重跨跃障碍组合 碰倒1个小栏架应记作违规1次（次）	未采用"双起双落"方式1次记作违规1次（次）	未到达指定地点脱掉负重应记作违规1次（次）	负重背心未放入圈内应记作违规1次（次）	未绕过标志桶1次记作违规1次（次）	第四项：钻过障碍 碰倒障碍1次记作违规1次（次）	漏钻障碍1次记作违规1次（次）	第五项：正面双手向前掷实心球+折返跑 踩线或越线1次应记作违规1次（次）	未原地双手头上投应记作违规1次（次）	未触碰标志1次应记作违规1次（次）	未将球放回原桶应记作违规1次（次）	折返跑违规（次）	违规总次数（次）	达标要求 完成总时间（s）	达标要求 违规次数≤1次；完成总时间男≤90s 女≤110s 是否合格（是"√"否"×"）
×××	01	0	0	0	0	0	1	0	0	0	0	0	0	0	0	0	0	0	1	93	×
×××	01	0	0	0	0	0	1	0	0	0	0	0	0	1	0	0	0	0	2	85	√
×××	01	0	0	0	0	0	1	0	0	0	0	0	0	0	0	0	0	0	1	85	√